PREFACIO

La colección de guías de conversación para viajar "Todo irá bien" publicada por T&P Books está diseñada para personas que viajan al extranjero para turismo y negocios. Las guías contienen lo más importante - los elementos esenciales para una comunicación básica.Éste es un conjunto de frases imprescindibles para "sobrevivir" mientras está en el extranjero.

Esta guía de conversación le ayudará en la mayoría de los casos donde usted necesite pedir algo, conseguir direcciones, saber cuánto cuesta algo, etc. Puede también resolver situaciones difíciles de la comunicación donde los gestos no pueden ayudar.

Este libro contiene muchas frases que han sido agrupadas según los temas más relevantes.También encontrará un mini diccionario con palabras útiles - números, hora, calendario, colores…

Llévese la guía de conversación "Todo irá bien" en el camino y tendrá una insustituible compañera de viaje que le ayudará a salir de cualquier situación y le enseñará a no temer hablar con extranjeros.

TABLA DE CONTENIDOS

T&P Books Publishing

Colección de guías de conversación
"¡Todo irá bien!"

T&P Books Publishing

GUÍA DE CONVERSACIÓN

CHINO

LAS PALABRAS Y LAS FRASES MÁS ÚTILES

Esta Guía de Conversación contiene las frases y las preguntas más comunes necesitadas para una comunicación básica con extranjeros

Andrey Taranov

T&P BOOKS

Guía de conversación + diccionario de 250 palabras

Guía de conversación Español-Chino y mini diccionario de 250 palabras

por Andrey Taranov

La colección de guías de conversación para viajar "Todo irá bien" publicada por T&P Books está diseñada para personas que viajan al extranjero para turismo y negocios. Las guías contienen lo más importante - los elementos esenciales para una comunicación básica. Éste es un conjunto de frases imprescindibles para "sobrevivir" mientras está en el extranjero.

También encontrará un mini diccionario con 250 palabras útiles necesarias para la comunicación diaria - los nombres de los meses y de los días de la semana, medidas, miembros de la familia, y más.

T&P Books Publishing
www.tpbooks.com

ISBN: 978-1-78492-620-5

Este libro está disponible en formato electrónico o de E-Book también.
Visite www.tpbooks.com o las librerías electrónicas más destacadas en la Red.

PRONUNCIACIÓN

La letra	Ejemplo chino	T&P alfabeto fonético	Ejemplo español
a	tóufa	[a]	radio
ai	hǎi	[aɪ]	bayoneta
an	bèipàn	[an]	panadero
ang	pīncháng	[ɑ̃]	[a] nasal
ao	gǎnmào	[aʊ]	autobús
b	Bànfǎ	[p]	precio
c	cǎo	[tsh]	[ts] aspirado
ch	chē	[tʂh]	[tsch] aspirado
d	dīdá	[t]	torre
e	dēngjì	[ɛ]	mes
ei	běihǎi	[eɪ]	béisbol
en	xúnwèn	[ə]	llave
eng	bēngkuì	[ẽ]	[e] nasal
er	érzi	[ɚ]	portero
f	fǎyuàn	[f]	golf
g	gōnglù	[k]	charco
h	hǎitún	[h]	registro
i	fēijī	[iː]	destino
ia	jiā	[jɑ]	ensayar
ian	kànjiàn	[jʌn]	mañana
ie	jiéyuē	[je]	miércoles
in	cónglín	[iːn]	principio
j	jīqì	[tɕ]	archivo
k	kuàilè	[kh]	[k] aspirada
l	lúnzi	[l]	lira
m	hémǎ	[m]	nombre
n	nǐ hǎo	[n]	número
o	yībǒ	[ɔ]	costa
ong	chénggōng	[ʊ̃]	[u] nasal
ou	běiměizhōu	[ɔʊ]	snowboard
p	pào	[ph]	[p] aspirada
q	qiáo	[tɕ]	porche
r	rè	[ʒ]	adyacente
s	sàipǎo	[s]	salva
sh	shāsǐ	[ʃ]	Washington
t	tūrán	[th]	[t] aspirada
u	dáfù	[u], [ʊ]	justo

5

La letra	Ejemplo chino	T&P alfabeto fonético	Ejemplo español
ua	chuán	[ua]	agua
un	yúchǔn	[uːn], [un]	segundo
ü	lǚxíng	[y]	pluma
ün	shēnyùn	[jun]	desayuno
uo	zuòwèi	[uɔ]	antiguo
w	wùzhì	[w]	acuerdo
x	xiǎo	[ɕ]	China
z	zérèn	[ts]	tsunami
zh	zhǎo	[dʒ]	jazz

Comentarios

˙ **El primer tono** (tono alto)
En el primer sonido, el timbre de la voz queda constante y ligeramente alto durante toda la sílaba. Ejemplo: **mā**
El segundo tono (tono que sube)
En el segundo sonido, el timbre de la voz sube ligeramente durante la articulación de la sílaba. Ejemplo: **má**
El tercer tono (tono que baja y sube)
En el tercer sonido, el timbre de la voz baja y después sube en la misma sílaba. Ejemplo: **mǎ**
El cuarto tono (tono que baja)
En el cuarto sonido, el timbre de la voz baja repentimamente durante la articulación de la sílaba. Ejemplo: **mà**
El quinto tono (tono neutral)
En el sonido neutro, el timbre de la voz depende de la palabra, pero se articula más breve y silenciosamente que las otras sílabas. Ejemplo: **ma**

LISTA DE ABREVIATURAS

Abreviatura en español

adj	-	adjetivo
adv	-	adverbio
anim.	-	animado
conj	-	conjunción
etc.	-	etcétera
f	-	sustantivo femenino
f pl	-	femenino plural
fam.	-	uso familiar
fem.	-	femenino
form.	-	uso formal
inanim.	-	inanimado
innum.	-	innumerable
m	-	sustantivo masculino
m pl	-	masculino plural
m, f	-	masculino, femenino
masc.	-	masculino
mat	-	matemáticas
mil.	-	militar
num.	-	numerable
p.ej.	-	por ejemplo
pl	-	plural
pron	-	pronombre
sg	-	singular
v aux	-	verbo auxiliar
vi	-	verbo intransitivo
vi, vt	-	verbo intransitivo, verbo transitivo
vr	-	verbo reflexivo
vt	-	verbo transitivo

T&P BOOKS

GUÍA DE CONVERSACIÓN CHINO

Esta sección contiene frases importantes que pueden resultar útiles en varias situaciones de la vida real. La Guía le ayudará a pedir direcciones, aclaración sobre precio, comprar billetes, y pedir alimentos en un restaurante

T&P Books Publishing

CONTENIDO DE LA GUÍA DE CONVERSACIÓN

T&P Books Publishing

Perdone, ...

请问，…
qǐngwèn, ...

Hola.

你好。 | 你们好。
nǐ hǎo | nǐmen hǎo

Gracias.

谢谢。
xièxiè

Sí.

是的。
shì de

No.

不
bù

No lo sé.

我不知道。
wǒ bù zhīdào

¿Dónde? | ¿A dónde? | ¿Cuándo?

哪里？ | 到哪里？ | 什么时候？
nǎlǐ? | dào nǎlǐ? | shénme shíhòu?

Necesito ...

我需要…
wǒ xūyào ...

Quiero ...

我想要…
wǒ xiǎng yào ...

¿Tiene ...?

您有…吗？
nín yǒu ... ma?

¿Hay ... por aquí?

这里有…吗？
zhè li yǒu ... ma?

¿Puedo ...?

我可以…吗？
wǒ kěyǐ ... ma?

..., por favor? (petición educada)

请
qǐng

Busco ...

我在找…
wǒ zài zhǎo ...

el servicio

休息室
xiūxí shì

un cajero automático

银行取款机
yínháng qǔkuǎn jī

una farmacia

药店
yàodiàn

el hospital

医院
yīyuàn

la comisaría

警察局
jǐngchá jú

el metro

地铁
dìtiě

| un taxi | 出租车
chūzū chē |
| la estación de tren | 火车站
huǒchē zhàn |

Me llamo …	我叫… wǒ jiào …
¿Cómo se llama?	您叫什么名字? nín jiào shénme míngzì?
¿Puede ayudarme, por favor?	请帮助我。 qǐng bāngzhù wǒ
Tengo un problema.	我有麻烦了。 wǒ yǒu máfanle
Me encuentro mal.	我感觉不舒服。 wǒ gǎnjué bú shūfú
¡Llame a una ambulancia!	叫救护车! jiào jiùhù chē!
¿Puedo llamar, por favor?	我可以打个电话吗? wǒ kěyǐ dǎ gè diànhuà ma?

| Lo siento. | 对不起。
duìbùqǐ |
| De nada. | 不客气。
bù kèqì |

Yo	我 wǒ
tú	你 nǐ
él	他 tā
ella	她 tā
ellos	他们 tāmen
ellas	她们 tāmen
nosotros /nosotras/	我们 wǒmen
ustedes, vosotros	你们 nǐmen
usted	您 nín

ENTRADA	入口 rùkǒu
SALIDA	出口 chūkǒu
FUERA DE SERVICIO	故障 gùzhàng
CERRADO	关门 guānmén

ABIERTO

开门
kāimén

PARA SEÑORAS

女士专用
nǚshì zhuānyòng

PARA CABALLEROS

男士专用
nánshì zhuānyòng

Preguntas

¿Dónde?	在哪里？ zài nǎlǐ?
¿A dónde?	到哪里？ dào nǎlǐ?
¿De dónde?	从哪里？ cóng nǎlǐ?
¿Por qué?	为什么？ wèi shénme?
¿Con que razón?	为了什么？ wèile shénme?
¿Cuándo?	什么时候？ shénme shíhòu?
¿Cuánto tiempo?	多长时间？ duō cháng shíjiān?
¿A qué hora?	几点？ jǐ diǎn?
¿Cuánto?	多少？ duōshǎo?
¿Tiene ...?	您有…吗？ nín yǒu ... ma?
¿Dónde está ...?	…在哪里？ ... zài nǎlǐ?
¿Qué hora es?	几点了？ jǐ diǎnle?
¿Puedo llamar, por favor?	我可以打个电话吗？ wǒ kěyǐ dǎ gè diànhuà ma?
¿Quién es?	谁啊？ shuí a?
¿Se puede fumar aquí?	我能在这里吸烟吗？ wǒ néng zài zhèlǐ xīyān ma?
¿Puedo ...?	我可以…吗？ wǒ kěyǐ ... ma?

Necesidades

Quisiera …	我想… wǒ xiǎng …
No quiero …	我不想… wǒ bùxiǎng …
Tengo sed.	我渴了。 wǒ kěle
Tengo sueño.	我想睡觉。 wǒ xiǎng shuìjiào
Quiero …	我想要… wǒ xiǎng yào …
lavarme	洗脸 xǐliǎn
cepillarme los dientes	刷牙 shuāyá
descansar un momento	休息一会 xiūxí yī huǐ
cambiarme de ropa	换衣服 huàn yīfú
volver al hotel	回旅店 huí lǚdiàn
comprar …	去买 qù mǎi
ir a …	去… qù …
visitar …	去参观… qù cānguān …
quedar con …	去见… qù jiàn …
hacer una llamada	去打电话 qù dǎ diànhuà
Estoy cansado /cansada/.	我累了。 wǒ lèile
Estamos cansados /cansadas/.	我们累了。 wǒmen lèile
Tengo frío.	我冷。 wǒ lěng
Tengo calor.	我热。 wǒ rè
Estoy bien.	我很好。 wǒ hěn hǎo

Tengo que hacer una llamada.

我需要打个电话。
wǒ xūyào dǎ gè diànhuà

Necesito ir al servicio.

我要去厕所。
wǒ yào qù cèsuǒ

Me tengo que ir.

我必须得走了。
wǒ bìxū dé zǒuliǎo

Me tengo que ir ahora.

我现在得走了。
wǒ xiànzài dé zǒuliǎo

Preguntar por direcciones

Perdone, ...	请问，··· qǐngwèn, ...
¿Dónde está ...?	···在哪里？ ... zài nǎlǐ?
¿Por dónde está ...?	去···怎么走？ qù ... zěnme zǒu?
¿Puede ayudarme, por favor?	请帮助我。 qǐng bāngzhù wǒ

Busco ...	我在找··· wǒ zài zhǎo ...
Busco la salida.	我在找出口。 wǒ zài zhǎo chūkǒu
Voy a ...	我要去··· wǒ yào qù ...
¿Voy bien por aquí para ...?	这是去···的路吗？ zhè shì qù ... de lù ma?

¿Está lejos?	那里远吗？ nàlǐ yuǎn ma?
¿Puedo llegar a pie?	我能走路去那里吗？ wǒ néng zǒulù qù nàlǐ ma?
¿Puede mostrarme en el mapa?	能在地图上指出来吗？ néng zài dìtú shàng zhǐchū lái ma?
Por favor muestreme dónde estamos.	告诉我我们现在的位置。 gàosù wǒ wǒmen xiànzài de wèizhì

Aquí	这里 zhèlǐ
Allí	那里 nàlǐ
Por aquí	到这里来 dào zhèlǐ lái

Gire a la derecha.	右转。 yòu zhuǎn
Gire a la izquierda.	左转。 zuǒ zhuǎn
la primera (segunda, tercera) calle	第一（第二、第三）个转弯 dì yī (dì èr, dì sān) gè zhuǎnwān
a la derecha	向右 xiàng yòu

a la izquierda

向左
xiàng zuǒ

Siga recto.

一直往前走。
yīzhí wǎng qián zǒu

Carteles

¡BIENVENIDO!	欢迎光临 huānyíng guānglín
ENTRADA	入口 rùkǒu
SALIDA	出口 chūkǒu

EMPUJAR	推 tuī
TIRAR	拉 lā
ABIERTO	开门 kāimén
CERRADO	关门 guānmén

PARA SEÑORAS	女士专用 nǚshì zhuānyòng
PARA CABALLEROS	男士专用 nánshì zhuānyòng
CABALLEROS	男厕所 nán cèsuǒ
SEÑORAS	女厕所 nǚ cèsuǒ

REBAJAS	折扣 zhékòu
VENTA	销售 xiāoshòu
GRATIS	免费! miǎnfèi!
¡NUEVO!	新品! xīnpǐn!
ATENCIÓN	注意! zhùyì!

COMPLETO	客满 kè mǎn
RESERVADO	留座 liú zuò
ADMINISTRACIÓN	行政部门 xíngzhèng bùmén
SÓLO PERSONAL AUTORIZADO	员工通道 yuángōng tōngdào

CUIDADO CON EL PERRO	当心有狗！ dāngxīn yǒu gǒu!
NO FUMAR	禁止吸烟 jìnzhǐ xīyān
NO TOCAR	禁止触摸 jìnzhǐ chùmō
PELIGROSO	危险 wéixiǎn
PELIGRO	危险 wéixiǎn
ALTA TENSIÓN	高压危险 gāoyā wéixiǎn
PROHIBIDO BAÑARSE	禁止游泳 jìnzhǐ yóuyǒng
FUERA DE SERVICIO	故障 gùzhàng
INFLAMABLE	易燃品 yì rán pǐn
PROHIBIDO	禁止 jìnzhǐ
PROHIBIDO EL PASO	禁止通行 jìnzhǐ tōng xíng
RECIÉN PINTADO	油漆未干 yóuqī wèi gān
CERRADO POR RENOVACIÓN	装修-暂停营业 zhuāngxiū-zàntíng yíngyè
EN OBRAS	前方施工 qiánfāng shīgōng
DESVÍO	绕行 rào xíng

Transporte. Frases generales

el avión	飞机 fēijī
el tren	火车 huǒchē
el bus	公交车 gōngjiāo chē
el ferry	渡轮 dùlún
el taxi	出租车 chūzū chē
el coche	汽车 qìchē
el horario	时刻表 shíkè biǎo
¿Dónde puedo ver el horario?	在哪里可以看到时刻表？ zài nǎlǐ kěyǐ kàn dào shíkè biǎo?
días laborables	工作日 gōngzuòrì
fines de semana	休息日 xiūxírì
días festivos	节假日 jiéjiàrì
SALIDA	出发 chūfā
LLEGADA	到达 dàodá
RETRASADO	延迟 yánchí
CANCELADO	取消 qǔxiāo
siguiente (tren, etc.)	下一班 xià yī bān
primero	第一班 dì yī bān
último	最后一班 zuìhòu yī bān
¿Cuándo pasa el siguiente ...?	下一班···是几点？ xià yī bān ... shì jǐ diǎn?
¿Cuándo pasa el primer ...?	第一班···是几点？ dì yī bān ... shì jǐ diǎn?

¿Cuándo pasa el último …?

最后一班…是几点？
zuìhòu yī bān … shì jǐ diǎn?

el trasbordo (cambio de trenes, etc.)

换乘
huàn chéng

hacer un trasbordo

换乘
huàn chéng

¿Tengo que hacer un trasbordo?

我中途需要换乘吗？
wǒ zhōngtú xūyào huàn chéng ma?

Comprar billetes

¿Dónde puedo comprar un billete?	到哪里买票？ dào nǎlǐ mǎi piào?
el billete	票 piào
comprar un billete	去买一张票 qù mǎi yī zhāng piào
precio del billete	票价 piào jià

¿Para dónde?	到哪里？ dào nǎlǐ?
¿A qué estación?	到哪站？ dào nǎ zhàn?
Necesito ...	我要··· wǒ yào ...
un billete	1张票 yì zhāng piào
dos billetes	2张票 liǎng zhāng piào
tres billetes	3张票 sān zhāng piào

sólo ida	单程 dānchéng
ida y vuelta	往返 wǎngfǎn
en primera (primera clase)	一等座 yī děng zuò
en segunda (segunda clase)	二等座 èr děng zuò

hoy	今天 jīntiān
mañana	明天 míngtiān
pasado mañana	后天 hòutiān
por la mañana	上午 shàngwǔ
por la tarde	中午 zhōngwǔ
por la noche	晚间 wǎnjiān

asiento de pasillo

靠过道座位
kào guòdào zuòwèi

asiento de ventanilla

靠窗座位
kào chuāng zuòwèi

¿Cuánto cuesta?

多少钱?
duōshǎo qián?

¿Puedo pagar con tarjeta?

我能用信用卡付款吗?
wǒ néng yòng xìnyòngkǎ fùkuǎn ma?

Autobús

el autobús	公交车 gōngjiāo chē
el autobús interurbano	长途客车 chángtú kèchē
la parada de autobús	巴士站 bāshì zhàn
¿Dónde está la parada de autobuses más cercana?	最近的巴士站在哪里? zuìjìn de bāshì zhàn zài nǎlǐ?
número	号码 hàomǎ
¿Qué autobús tengo que tomar para ...?	哪路公交车到…? nǎ lù gōngjiāo chē dào ... ?
¿Este autobús va a ...?	这个公交车到…吗? zhège gōngjiāo chē dào ... ma?
¿Cada cuanto pasa el autobús?	这路公交车多长时间一趟? zhè lù gōngjiāo chē duō cháng shíjiān yī tàng?
cada 15 minutos	15分钟一趟 shíwǔ fēnzhōng yī tàng
cada media hora	半个小时一趟 bàn gè xiǎoshíyī tàng
cada hora	每小时一趟 měi xiǎoshí yī tàng
varias veces al día	一天几趟 yītiān jǐ tàng
... veces al día	一天…趟 yītiān ... tàng
el horario	时刻表 shíkè biǎo
¿Dónde puedo ver el horario?	在哪里可以看到时刻表? zài nǎlǐ kěyǐ kàn dào shíkè biǎo?
¿Cuándo pasa el siguiente autobús?	下班车几点到? xiàbānchē jǐ diǎn dào?
¿Cuándo pasa el primer autobús?	第一班车是几点? dì yī bānchē shì jǐ diǎn?
¿Cuándo pasa el último autobús?	最后一班车是几点? zuìhòu yī bān chē shì jǐ diǎn?
la parada	站 zhàn

la siguiente parada

下一站
xià yí zhàn

la última parada

上一站
shàng yí zhàn

Pare aquí, por favor.

请在这里停车。
qǐng zài zhèlǐ tíngchē

Perdone, esta es mi parada.

不好意思，我要下车。
bù hǎoyìsi, wǒ yào xià chē

Tren

el tren	火车 huǒchē
el tren de cercanías	市郊火车 shìjiāo huǒchē
el tren de larga distancia	长途列车 chángtú lièchē
la estación de tren	火车站 huǒchē zhàn
Perdone, ¿dónde está la salida al anden?	请问，站台的出口在哪里？ qǐngwèn, zhàntái de chūkǒu zài nǎlǐ?

¿Este tren va a ...?	这个火车到…吗？ zhège huǒchē dào ... ma?
el siguiente tren	下一趟火车 xià yī tàng huǒchē
¿Cuándo pasa el siguiente tren?	下趟火车是什么时候？ xià tàng huǒchē shì shénme shíhòu?
¿Dónde puedo ver el horario?	在哪里可以看到时刻表？ zài nǎlǐ kěyǐ kàn dào shíkè biǎo?
¿De qué andén?	在哪个站台？ zài nǎge zhàntái?
¿Cuándo llega el tren a ...?	火车什么时候到达…？ huǒchē shénme shíhòu dàodá ... ?

Ayudeme, por favor.	请帮帮我。 qǐng bāng bāng wǒ
Busco mi asiento.	我在找我的座位。 wǒ zài zhǎo wǒ de zuòwèi
Buscamos nuestros asientos.	我们在找我们的座位。 wǒmen zài zhǎo wǒmen de zuòwèi
Mi asiento está ocupado.	我的座位被占了。 wǒ de zuòwèi bèi zhànle
Nuestros asientos están ocupados.	我们的座位被占了。 wǒmen de zuòwèi bèi zhànle

Perdone, pero ese es mi asiento.	对不起，这是我的座位。 duìbùqǐ, zhè shì wǒ de zuòwèi
¿Está libre?	这个位置有人坐吗？ zhège wèizhì yǒurén zuò ma?
¿Puedo sentarme aquí?	我能坐这里吗？ wǒ néng zuò zhèlǐ ma?

En el tren. Diálogo (Sin billete)

Su billete, por favor.

请出示你的车票。
qǐng chūshì nǐ de jū piào

No tengo billete.

我没有车票。
wǒ méiyǒu chēpiào

He perdido mi billete.

我的车票丢了。
wǒ de jū piào diūle

He olvidado mi billete en casa.

我的车票忘在家里了。
wǒ de jū piào wàng zài jiālǐle

Le puedo vender un billete.

你可以从我这里买票。
nǐ kěyǐ cóng wǒ zhèlǐ mǎi piào

También deberá pagar una multa.

你还得交罚款。
nǐ hái dé jiāo fákuǎn

Vale.

好的。
hǎo de

¿A dónde va usted?

你要去哪里？
nǐ yào qù nǎlǐ?

Voy a …

我要去···
wǒ yào qù …

¿Cuánto es? No lo entiendo.

多少钱？我不明白。
duōshǎo qián? wǒ bù míngbái

Escríbalo, por favor.

请写下来。
qǐng xiě xiàlái

Vale. ¿Puedo pagar con tarjeta?

好的。我能用信用卡支付吗？
hǎo de. wǒ néng yòng
xìnyòngkǎ zhīfù ma?

Sí, puede.

好的，可以。
hǎo de, kěyǐ

Aquí está su recibo.

这是您的收据。
zhè shì nín de shōujù

Disculpe por la multa.

请您谅解罚款事宜。
qǐng nín liàngjiě fákuǎn shìyí

No pasa nada. Fue culpa mía.

没关系。是我的错。
méiguānxì. shì wǒ de cuò

Disfrute su viaje.

旅途愉快。
lǚtú yúkuài

Taxi

taxi	出租车 chūzū chē
taxista	出租车司机 chūzū chē sījī
coger un taxi	叫出租车 jiào chūzū chē
parada de taxis	出租车停车场 chūzū chē tíngchē chǎng
¿Dónde puedo coger un taxi?	我在哪里能乘坐出租车？ wǒ zài nǎlǐ néng chéngzuò chūzū chē?
llamar a un taxi	叫出租车 jiào chūzū chē
Necesito un taxi.	我需要一辆出租车。 wǒ xūyào yī liàng chūzū chē
Ahora mismo.	现在。 xiànzài
¿Cuál es su dirección?	您在什么位置？ nín zài shénme wèizhì?
Mi dirección es ...	我的地址是… wǒ dìdìzhǐshì ...
¿Cuál es el destino?	您要去哪儿？ nín yào qù nǎ'er?

Perdone, ...	请问，… qǐngwèn, ...
¿Está libre?	您这是空车吗？ nín zhè shì kōng chē ma?
¿Cuánto cuesta ir a ...?	到…多少钱？ dào ... duōshǎo qián?
¿Sabe usted dónde está?	你知道这个地方在哪里吗？ nǐ zhīdào zhège dìfāng zài nǎlǐ ma?

Al aeropuerto, por favor.	请到机场。 qǐng dào jīchǎng
Pare aquí, por favor.	请停在这里。 qǐng tíng zài zhèlǐ
No es aquí.	不是这里。 bùshì zhèlǐ
La dirección no es correcta.	这地址不对。 zhè dìzhǐ bùduì
Gire a la izquierda.	向左 xiàng zuǒ
Gire a la derecha.	向右 xiàng yòu

¿Cuánto le debo?

我应该给您多少钱？
wǒ yīnggāi gěi nín duōshǎo qián?

¿Me da un recibo, por favor?

请给我发票。
qǐng gěi wǒ fāpiào

Quédese con el cambio.

不用找了。
bùyòng zhǎole

Espéreme, por favor.

请等我…
qǐng děng wǒ …

cinco minutos

5分钟
wǔ fēnzhōng

diez minutos

10分钟
shí fēnzhōng

quince minutos

15分钟
shíwǔ fēnzhōng

veinte minutos

20分钟
èrshí fēnzhōng

media hora

半小时
bàn xiǎoshí

Hotel

Hola.

你好。
nǐ hǎo

Me llamo …

我叫…
wǒ jiào …

Tengo una reserva.

我已预定房间。
wǒ yǐ yùdìng fángjiān

Necesito …

我需要…
wǒ xūyào …

una habitación individual

单人间
dān rénjiān

una habitación doble

双人间
shuāng rénjiān

¿Cuánto cuesta?

多少钱?
duōshǎo qián?

Es un poco caro.

这个有点贵。
zhège yǒudiǎn guì

¿Tiene alguna más?

你们还有其他房间吗?
nǐmen hái yǒu qítā fángjiān ma?

Me quedo.

我就订这个了。
wǒ jiù dìng zhègele

Pagaré en efectivo.

我付现金。
wǒ fù xiànjīn

Tengo un problema.

我房间有点小问题。
wǒ fángjiān yǒudiǎn xiǎo wèntí

Mi … no funciona.

我房间里的…坏了。
wǒ fángjiān lǐ de … huàile

Mi … está fuera de servicio.

我房间里的…不好用了。
wǒ fángjiān lǐ de … bù hǎo yòngle

televisión

电视
diànshì

aire acondicionado

空调
kòngtiáo

grifo

水龙头
shuǐlóngtóu

ducha

淋浴
línyù

lavabo

洗手盆
xǐshǒu pén

caja fuerte

保险箱
bǎoxiǎnxiāng

cerradura	门锁 mén suǒ
enchufe	插座 chāzuò
secador de pelo	吹风筒 chuīfēng tǒng
No tengo …	我的房间里没有… wǒ de fángjiān lǐ méiyǒu …
agua	水 shuǐ
luz	光 guāng
electricidad	电 diàn
¿Me puede dar …?	你能给我…吗? nǐ néng gěi wǒ … ma?
una toalla	一条毛巾 yītiáo máojīn
una sábana	一条毛毯 yītiáo máotǎn
unas chanclas	一双拖鞋 yīshuāng tuōxié
un albornoz	一件浴衣 yī jiàn yùyī
un champú	一些洗发水 yīxiē xǐ fà shuǐ
jabón	一块肥皂 yīkuài féizào
Quisiera cambiar de habitación.	我想换个房间。 wǒ xiǎng huàngè fángjiān
No puedo encontrar mi llave.	我找不到自己的钥匙。 wǒ zhǎo bù dào zìjǐ de yàoshi
Por favor abra mi habitación.	请帮我打开房间。 qǐng bāng wǒ dǎkāi fángjiān
¿Quién es?	谁啊? shuí a?
¡Entre!	进来。 jìnlái
¡Un momento!	稍等! shāo děng!
Ahora no, por favor.	请稍等。 qǐng shāo děng
Venga a mi habitación, por favor.	请到我的房间来。 qǐng dào wǒ de fángjiān lái
Quisiera hacer un pedido.	我想订餐。 wǒ xiǎng dìngcān
Mi número de habitación es …	我的房间号码是… wǒ de fángjiān hàomǎ shì …

Me voy …	我乘车离开… wǒ chéng chē líkāi …
Nos vamos …	我们乘车离开… wǒmen chéng chē líkāi …
Ahora mismo	现在 xiànzài
esta tarde	今天下午 jīntiān xiàwǔ
esta noche	今天晚上 jīntiān wǎnshàng
mañana	明天 míngtiān
mañana por la mañana	明天上午 míngtiān shàngwǔ
mañana por la noche	明天晚上 míngtiān wǎnshàng
pasado mañana	后天 hòutiān

Quisiera pagar la cuenta.	我想结账。 wǒ xiǎng jiézhàng
Todo ha estado estupendo.	一切都很好。 yīqiè dōu hěn hǎo
¿Dónde puedo coger un taxi?	我在哪里能乘坐出租车？ wǒ zài nǎlǐ néng chéngzuò chūzū chē?
¿Puede llamarme un taxi, por favor?	您能帮我叫一辆出租车吗？ nín néng bāng wǒ jiào yī liàng chūzū chē ma?

Restaurante

¿Puedo ver el menú, por favor?	我能看一下菜单吗？ wǒ néng kàn yīxià càidān ma?
Mesa para uno.	一人桌。 yīrén zhuō
Somos dos (tres, cuatro).	我们一共两个（三个，四个）人。 wǒmen yīgòng liǎng gè (sān gè, sì gè) rén
Para fumadores	吸烟区 xīyān qū
Para no fumadores	非吸烟区 fēi xīyān qū
¡Por favor! (llamar al camarero)	劳驾！ láojià!
la carta	菜单 càidān
la carta de vinos	酒类一览表 jiǔ lèi yīlǎnbiǎo
La carta, por favor.	请给我菜单。 qǐng gěi wǒ càidān
¿Está listo para pedir?	您要点菜了吗？ nín yàodiǎn càile ma?
¿Qué quieren pedir?	您要点什么？ nín yàodiǎn shénme?
Yo quiero …	我想点… wǒ xiǎng diǎn …
Soy vegetariano.	我吃素。 wǒ chīsù
carne	肉 ròu
pescado	鱼 yú
verduras	蔬菜 shūcài
¿Tiene platos para vegetarianos?	你们餐厅供应素食餐吗？ nǐmen canting gōngyìng sùshí cān ma?
No como cerdo.	我不吃猪肉。 wǒ bù chī zhūròu
Él /Ella/ no come carne.	他 /她/ 不吃肉。 tā bù chī ròu

Soy alérgico a …

我对…过敏。
wǒ duì … guòmǐn

¿Me puede traer …, por favor?

请给我…
qǐng gěi wǒ …

sal | pimienta | azúcar

盐 ｜ 胡椒粉 ｜ 糖
yán | hújiāo fěn | táng

café | té | postre

咖啡 ｜ 茶 ｜ 甜点
kāfēi | chá | tiándiǎn

agua | con gas | sin gas

水 ｜ 汽水 ｜ 无气
shuǐ | qìshuǐ | wú qì

una cuchara | un tenedor | un cuchillo

一个汤匙 ｜ 叉 ｜ 刀
yīgè tāngchí | chā | dāo

un plato | una servilleta

一个 盘子 ｜ 餐巾
yīgè pánzi | cānjīn

¡Buen provecho!

祝您用餐愉快！
zhù nín yòngcān yúkuài!

Uno más, por favor.

请再来一些。
qǐng zàilái yīxiē

Estaba delicioso.

这个非常好吃。
zhège fēicháng hào chī

---

la cuenta | el cambio | la propina

结账 ｜ 找零 ｜ 小费
jiézhàng | zhǎo líng | xiǎofèi

La cuenta, por favor.

请买单。
qǐng mǎidān

¿Puedo pagar con tarjeta?

我能用信用卡付款吗？
wǒ néng yòng xìnyòngkǎ fùkuǎn ma?

Perdone, aquí hay un error.

对不起，这里有错误。
duìbùqǐ, zhè li yǒu cuòwù

De Compras

¿Puedo ayudarle?	您需要帮助吗？ nín xūyào bāngzhù ma?
¿Tiene …?	您有…吗？ nín yǒu … ma?
Busco …	我在找… wǒ zài zhǎo …
Necesito …	我需要… wǒ xūyào …

Sólo estoy mirando.	我只是看看。 wǒ zhǐshì kàn kàn
Sólo estamos mirando.	我们只是看看。 wǒmen zhǐshì kàn kàn
Volveré más tarde.	我一会回来。 wǒ yī huǐ huílái
Volveremos más tarde.	我们一会再来。 wǒmen yī huǐ zàilái
descuentos | oferta	折扣 ｜ 出售 zhékòu | chūshòu

Por favor, enséñeme …	请给我看看… qǐng gěi wǒ kàn kàn …
¿Me puede dar …, por favor?	请给我… qǐng gěi wǒ …
¿Puedo probarmelo?	我能试一下这个吗？ wǒ néng shì yīxià zhège ma?
Perdone, ¿dónde están los probadores?	请问，哪里有试衣间？ qǐngwèn, nǎ li yǒu shì yī jiān?
¿Qué color le gustaría?	你想要哪个颜色？ nǐ xiǎng yào nǎge yánsè?
la talla | el largo	尺寸 ｜ 长度 chǐcùn | chángdù
¿Cómo le queda? (¿Está bien?)	合身吗？ héshēn ma?

¿Cuánto cuesta esto?	多少钱？ duōshǎo qián?
Es muy caro.	太贵了。 tài guìle
Me lo llevo.	我买了。 wǒ mǎile
Perdone, ¿dónde está la caja?	请问，在哪里付款？ qǐngwèn, zài nǎlǐ fùkuǎn?

¿Pagará en efectivo o con tarjeta?　您是现今还是信用卡支付？
nín shì xiànjīn háishì xìnyòngkǎ zhīfù?

en efectivo | con tarjeta　用现金　|　用信用卡
yòng xiànjīn | yòng xìnyòngkǎ

¿Quiere el recibo?　您需要收据吗？
nín xūyào shōujù ma?

Sí, por favor.　要，谢谢。
yào, xièxiè

No, gracias.　不用，没关系。
bùyòng, méiguānxì

Gracias. ¡Que tenga un buen día!　谢谢。祝您愉快！
xièxiè. zhù nín yúkuài!

En la ciudad

Perdone, por favor.

请问，…
qǐngwèn, …

Busco …

我在找…
wǒ zài zhǎo …

el metro

地铁
dìtiě

mi hotel

我的旅店
wǒ de lǚdiàn

el cine

电影院
diànyǐngyuàn

una parada de taxis

出租车候车处
chūzū chē hòuchē chù

un cajero automático

银行取款机
yínháng qǔkuǎn jī

una oficina de cambio

外汇兑换
wàihuì duìhuàn

un cibercafé

网吧
wǎngbā

la calle …

…街
… jiē

este lugar

这个地方
zhège dìfāng

¿Sabe usted dónde está …?

您知道…在哪里吗？
nín zhīdào…zài nǎlǐ ma?

¿Cómo se llama esta calle?

这条街道叫什么名字？
zhè tiáo jiēdào jiào shénme míngzì?

Muestreme dónde estamos ahora.

告诉我我们现在的位置。
gàosù wǒ wǒmen xiànzài de wèizhì.

¿Puedo llegar a pie?

我能走路去那里吗？
wǒ néng zǒulù qù nàlǐ ma?

¿Tiene un mapa de la ciudad?

您有城市地图吗？
nín yǒu chéngshì dìtú ma?

¿Cuánto cuesta la entrada?

门票多少钱？
ménpiào duōshǎo qián?

¿Se pueden hacer fotos aquí?

能在这里照相吗？
néng zài zhèlǐ zhàoxiàng ma?

¿Está abierto?

你们开业了吗？
nǐmen kāiyèle ma?

¿A qué hora abren?	几点开业? jǐ diǎn kāiyè?
¿A qué hora cierran?	几点歇业? jǐ diǎn xiēyè?

Dinero

dinero	钱 qián
efectivo	现金 xiànjīn
billetes	纸币 zhǐbì
monedas	零钱 língqián
la cuenta | el cambio | la propina	结账 | 找零 | 小费 jiézhàng | zhǎo líng | xiǎofèi
la tarjeta de crédito	信用卡 xìnyòngkǎ
la cartera	钱包 qiánbāo
comprar	去买 qù mǎi
pagar	去支付 qù zhīfù
la multa	罚款 fákuǎn
gratis	免费 miǎnfèi
¿Dónde puedo comprar …?	在哪里能买到…? zài nǎlǐ néng mǎi dào … ?
¿Está el banco abierto ahora?	银行现在开门了吗? yínháng xiànzài kāiménle ma?
¿A qué hora abre?	什么时候开门? shénme shíhòu kāimén?
¿A qué hora cierra?	什么时候关门? shénme shíhòu guānmén?
¿Cuánto cuesta?	多少钱? duōshǎo qián?
¿Cuánto cuesta esto?	这个多少钱? zhège duōshǎo qián?
Es muy caro.	太贵了。 tài guìle
Perdone, ¿dónde está la caja?	请问，在哪里付款? qǐngwèn, zài nǎlǐ fùkuǎn?
La cuenta, por favor.	请结账。 qǐng jiézhàng

¿Puedo pagar con tarjeta?

我能用信用卡付款吗？
wǒ néng yòng xìnyòngkǎ fùkuǎn ma?

¿Hay un cajero por aquí?

这里有银行取款机吗？
zhè li yǒu yínháng qǔkuǎn jī ma?

Busco un cajero automático.

我在找银行取款机。
wǒ zài zhǎo yínháng qǔkuǎn jī

Busco una oficina de cambio.

我在找外汇兑换除。
wǒ zài zhǎo wàihuì duìhuàn chú

Quisiera cambiar …

我想兑换…
wǒ xiǎng duìhuàn …

¿Cuál es el tipo de cambio?

汇率是多少？
huìlǜ shì duōshǎo?

¿Necesita mi pasaporte?

需要我的护照吗？
xūyào wǒ de hùzhào ma?

Tiempo

¿Qué hora es?	几点了? jǐ diǎnle?
¿Cuándo?	什么时候? shénme shíhòu?
¿A qué hora?	几点? jǐ diǎn?
ahora | luego | después de …	现在 | 以后 | 在…之后 xiànzài | yǐhòu | zài … zhīhòu

la una	一点整 yīdiǎn zhěng
la una y cuarto	一点十五分 yīdiǎn shíwǔ fēn
la una y medio	一点半 yīdiǎn bàn
las dos menos cuarto	一点四十五分 yīdiǎn sìshíwǔ fēn

una | dos | tres	一 | 二 | 三 yī | èr | sān
cuatro | cinco | seis	四 | 五 | 六 sì | wǔ | liù
siete | ocho | nueve	七 | 八 | 九 qī | bā | jiǔ
diez | once | doce	十 | 十一 | 十二 shí | shí yī | shí'èr

en …	在…之内 zài … zhī nèi
cinco minutos	5分钟 wǔ fēnzhōng
diez minutos	10分钟 shí fēnzhōng
quince minutos	15分钟 shíwǔ fēnzhōng
veinte minutos	20分钟 èrshí fēnzhōng

media hora	半小时 bàn xiǎoshí
una hora	一个小时 yīgè xiǎoshí
por la mañana	上午 shàngwǔ

por la mañana temprano	清晨 qīngchén
esta mañana	今天上午 jīntiān shàngwǔ
mañana por la mañana	明天上午 míngtiān shàngwǔ

al mediodía	在中午 zài zhōngwǔ
por la tarde	在下午 zài xiàwǔ
por la noche	在晚上 zài wǎnshàng
esta noche	今天晚上 jīntiān wǎnshàng

por la noche	在半夜 zài bànyè
ayer	昨天 zuótiān
hoy	今天 jīntiān
mañana	明天 míngtiān
pasado mañana	后天 hòutiān

¿Qué día es hoy?	今天是星期几？ jīntiān shì xīngqí jǐ?
Es ...	今天是··· jīntiān shì…
lunes	星期一 xīngqí yī
martes	星期二 xīngqí'èr
miércoles	星期三 xīngqísān

jueves	星期四 xīngqísì
viernes	星期五 xīngqíwǔ
sábado	星期六 xīngqíliù
domingo	星期天 xīngqítiān

Saludos. Presentaciones.

Hola.	您好。 nín hǎo
Encantado /Encantada/ de conocerle.	很高兴见到您。 hěn gāoxìng jiàn dào nín
Yo también.	我也是。 wǒ yěshì
Le presento a ...	给您介绍一下，这是··· gěi nín jièshào yīxià, zhè shì ...
Encantado.	很高兴认识您。 hěn gāoxìng rènshí nín
¿Cómo está?	你好吗？ nǐ hǎo ma?
Me llamo ...	我叫··· wǒ jiào ...
Se llama ...	他叫··· tā jiào ...
Se llama ...	她叫··· tā jiào ...
¿Cómo se llama (usted)?	您叫什么名字？ nín jiào shénme míngzì?
¿Cómo se llama (él)?	他叫什么名字？ tā jiào shénme míngzì?
¿Cómo se llama (ella)?	她叫什么名字？ tā jiào shénme míngzì?
¿Cuál es su apellido?	您姓什么？ nín xìng shénme?
Puede llamarme ...	您可以叫我··· nín kěyǐ jiào wǒ ...
¿De dónde es usted?	您来自哪里？ nín láizì nǎlǐ?
Yo soy de	我来自··· wǒ láizì ...
¿A qué se dedica?	您是做什么的？ nín shì zuò shénme de?
¿Quién es?	这是谁？ zhè shì shuí?
¿Quién es él?	他是谁？ tā shì shuí?
¿Quién es ella?	她是谁？ tā shì shuí?
¿Quiénes son?	他们是谁？ tāmen shì shuí?

Este es ...	这是… zhè shì ...
mi amigo	我的朋友 wǒ de péngyǒu
mi amiga	我的朋友 wǒ de péngyǒu
mi marido	我的丈夫 wǒ de zhàngfū
mi mujer	我的妻子 wǒ de qīzi
mi padre	我的父亲 wǒ de fùqīn
mi madre	我的母亲 wǒ de mǔqīn
mi hermano	我的哥哥 ｜ 我的弟弟 wǒ dí gēgē | wǒ de dì dì
mi hermana	我的姐姐 ｜ 我的妹妹 wǒ de jiějiě | wǒ de mèimei
mi hijo	我的儿子 wǒ de érzi
mi hija	我的女儿 wǒ de nǚ'ér
Este es nuestro hijo.	这是我们的儿子。 zhè shì wǒmen de érzi
Esta es nuestra hija.	这是我们的女儿。 zhè shì wǒmen de nǚ'ér
Estos son mis hijos.	这是我的孩子们。 zhè shì wǒ de háizimen
Estos son nuestros hijos.	这是我们的孩子们。 zhè shì wǒmen de háizimen

Despedidas

¡Adiós!	再见！ zàijiàn!
¡Chau!	拜拜！ bàibài!
Hasta mañana.	明天见。 míngtiān jiàn
Hasta pronto.	一会见。 yī huǐ jiàn
Te veo a las siete.	7点见。 qī diǎn jiàn
¡Que se diviertan!	玩的开心！ wán de kāixīn!
Hablamos más tarde.	以后再聊。 yǐhòu zài liáo
Que tengas un buen fin de semana.	周末愉快。 zhōumò yúkuài
Buenas noches.	晚安。 wǎn'ān
Es hora de irme.	我得走了。 wǒ dé zǒuliǎo
Tengo que irme.	我要走了。 wǒ yào zǒuliǎo
Ahora vuelvo.	我马上回来。 wǒ mǎshàng huílái
Es tarde.	已经很晚了。 yǐjīng hěn wǎnle
Tengo que levantarme temprano.	我要早起。 wǒ yào zǎoqǐ
Me voy mañana.	我明天就走了。 wǒ míngtiān jiù zǒuliǎo
Nos vamos mañana.	我们明天就走了。 wǒmen míngtiān jiù zǒuliǎo
¡Que tenga un buen viaje!	旅途愉快！ lǚtú yúkuài!
Ha sido un placer.	很高兴认识你。 hěn gāoxìng rènshí nǐ
Fue un placer hablar con usted.	很高兴与你聊天。 hěn gāoxìng yǔ nǐ liáotiān
Gracias por todo.	谢谢你为我做的一切。 xièxiè nǐ wèi wǒ zuò de yīqiè

Lo he pasado muy bien.

我过的非常开心。
wǒguò de fēicháng kāixīn

Lo pasamos muy bien.

我们过的非常开心。
wǒmenguò de fēicháng kāixīn

Fue genial.

真的太棒了。
zhēn de tài bàngle

Le voy a echar de menos.

我会想念你的。
wǒ huì xiǎngniàn nǐ de

Le vamos a echar de menos.

我们会想念你的。
wǒmen huì xiǎngniàn nǐ de

¡Suerte!

祝你好运！
zhù nǐ hǎo yùn!

Saludos a ...

代我向…问好
dài wǒ xiàng … wènhǎo

Idioma extranjero

No entiendo.	我没听懂。 wǒ méi tīng dǒng
Escríbalo, por favor.	请您把它写下来，好吗？ qǐng nín bǎ tā xiě xiàlái, hǎo ma?
¿Habla usted …?	您能说…？ nín néng shuō … ?
Hablo un poco de …	我会一点点… wǒ huì yī diǎndiǎn …
inglés	英语 yīngyǔ
turco	土耳其语 tǔ'ěrqí yǔ
árabe	阿拉伯语 ālābó yǔ
francés	法语 fǎyǔ
alemán	德语 déyǔ
italiano	意大利语 yìdàlì yǔ
español	西班牙语 xībānyá yǔ
portugués	葡萄牙语 pútáoyá yǔ
chino	汉语 hànyǔ
japonés	日语 rìyǔ
¿Puede repetirlo, por favor?	请再说一遍。 qǐng zàishuō yībiàn
Lo entiendo.	我明白了。 wǒ míngbáile
No entiendo.	我没听懂。 wǒ méi tīng dǒng
Hable más despacio, por favor.	请说慢一点。 qǐng shuō màn yī diǎn
¿Está bien?	对吗？ duì ma?
¿Qué es esto? (¿Que significa esto?)	这是什么？ zhè shì shénme?

Disculpas

Perdone, por favor.
请原谅。
qǐng yuánliàng

Lo siento.
我很抱歉。
wǒ hěn bàoqiàn

Lo siento mucho.
我真的很抱歉。
wǒ zhēn de hěn bàoqiàn

Perdón, fue culpa mía.
对不起，这是我的错。
duìbùqǐ, zhè shì wǒ de cuò

Culpa mía.
我的错。
wǒ de cuò

¿Puedo ...?
我可以···吗?
wǒ kěyǐ ... ma?

¿Le molesta si ...?
如果我···，您不会反对吧?
rúguǒ wǒ ... , nín bù huì fǎnduì ba?

¡No hay problema! (No pasa nada.)
没事。
méishì

Todo está bien.
一切正常。
yīqiè zhèngcháng

No se preocupe.
不用担心。
bùyòng dānxīn

Acuerdos

Sí.	是的。 shì de
Sí, claro.	是的，当然。 shì de, dāngrán
Bien.	好的 hǎo de
Muy bien.	非常好。 fēicháng hǎo
¡Claro que sí!	当然。 dāngrán
Estoy de acuerdo.	我同意。 wǒ tóngyì
Es verdad.	对。 duì
Es correcto.	正确。 zhèngquè
Tiene razón.	你是对的。 nǐ shì duì de
No me molesta.	我不介意。 wǒ bù jièyì
Es completamente cierto.	完全正确。 wánquán zhèngquè
Es posible.	这有可能。 zhè yǒu kěnéng
Es una buena idea.	这是个好主意。 zhè shìgè hǎo zhǔyì
No puedo decir que no.	我无法拒绝。 wǒ wúfǎ jùjué
Estaré encantado /encantada/.	我很乐意。 wǒ hěn lèyì
Será un placer.	非常愿意。 fēicháng yuànyì

Rechazo. Expresar duda

No.
不
bù

Claro que no.
当然不。
dāngrán bù

No estoy de acuerdo.
我不同意。
wǒ bù tóngyì

No lo creo.
我不这么认为。
wǒ bù zhème rènwéi

No es verdad.
这不是真的。
zhè bùshì zhēn de

No tiene razón.
您错了。
nín cuòle

Creo que no tiene razón.
我觉得您错了。
wǒ juédé nín cuòle

No estoy seguro /segura/.
我不确定。
wǒ bù quèdìng

No es posible.
这不可能。
zhè bù kěnéng

¡Nada de eso!
不行！
bùxíng!

Justo lo contrario.
恰恰相反。
qiàqià xiāngfǎn

Estoy en contra de ello.
我反对。
wǒ fǎnduì

No me importa. (Me da igual.)
我不在乎。
wǒ bùzàihū

No tengo ni idea.
我一点都不知道。
wǒ yī diǎn dōu bù zhīdào

Dudo que sea así.
我表示怀疑。
wǒ biǎoshì huáiyí

Lo siento, no puedo.
对不起，我不能。
duìbùqǐ, wǒ bùnéng

Lo siento, no quiero.
对不起，我不想。
duìbùqǐ, wǒ bùxiǎng

Gracias, pero no lo necesito.
谢谢，我不需要。
xièxiè, wǒ bù xūyào

Ya es tarde.
已经很晚了。
yǐjīng hěn wǎnle

Tengo que levantarme temprano.   我要早起。
wǒ dé zǎoqǐ

Me encuentro mal.   我感觉不太好。
wǒ gǎnjué bù tài hǎo

Expresar gratitud

Gracias.
谢谢。
xièxiè

Muchas gracias.
多谢。
duōxiè

De verdad lo aprecio.
非常感谢。
fēicháng gǎnxiè

Se lo agradezco.
我真的非常感谢您。
wǒ zhēn de fēicháng gǎnxiè nín

Se lo agradecemos.
我们真的非常感谢您。
wǒmen zhēn de fēicháng gǎnxiè nín

Gracias por su tiempo.
感谢您百忙之中抽出时间。
gǎnxiè nín bǎi máng zhī zhōng
chōuchū shíjiān

Gracias por todo.
谢谢你为我做的一切。
xièxiè nǐ wèi wǒ zuò de yīqiè

Gracias por ...
谢谢···
xièxiè ...

su ayuda
您的帮助
nín de bāngzhù

tan agradable momento
一段美好的时光
yīduàn měihǎo de shíguāng

una comida estupenda
一顿美味佳肴
yī dùn měiwèi jiāyáo

una velada tan agradable
一个美好的夜晚
yīgè měihǎo de yèwǎn

un día maravilloso
精彩的一天
jīngcǎi de yītiān

un viaje increíble
一个精彩的旅程
yīgè jīngcǎi de lǚchéng

No hay de qué.
不值一提。
bù zhí yī tí

De nada.
不用谢。
bùyòng xiè

Siempre a su disposición.
随时效劳。
suíshí xiàoláo

Encantado /Encantada/ de ayudarle.
这是我的荣幸。
zhè shì wǒ de róngxìng

No hay de qué.   别放心上。
                                    bié fàngxīn shàng

No tiene importancia.   不用担心。
                                    bùyòng dānxīn

Felicitaciones , Mejores Deseos

¡Felicidades!
恭喜你！
gōngxǐ nǐ!

¡Feliz Cumpleaños!
生日快乐！
shēngrì kuàilè!

¡Feliz Navidad!
圣诞愉快！
shèngdàn yúkuài!

¡Feliz Año Nuevo!
新年快乐！
xīnnián kuàilè!

¡Felices Pascuas!
复活节快乐！
fùhuó jié kuàilè!

¡Feliz Hanukkah!
光明节快乐！
guāngmíng jié kuàilè!

Quiero brindar.
我提议干杯。
wǒ tíyì gānbēi

¡Salud!
干杯！
gānbēi!

¡Brindemos por ...!
让我们为…干杯！
ràng wǒmen wèi… gānbēi!

¡A nuestro éxito!
为我们的胜利干杯！
wèi wǒmen de shènglì gānbēi!

¡A su éxito!
为您的成功干杯！
wèi nín de chénggōng gānbēi!

¡Suerte!
祝你好运！
zhù nǐ hǎo yùn!

¡Que tenga un buen día!
祝您愉快！
zhù nín yúkuài!

¡Que tenga unas buenas vacaciones!
祝你假期愉快！
zhù nǐ jiàqī yúkuài!

¡Que tenga un buen viaje!
祝您旅途平安！
zhù nín lǚtú píng'ān!

¡Espero que se recupere pronto!
希望你能尽快好起来！
xīwàng nǐ néng jǐnkuài hǎo qǐlái!

Socializarse

¿Por qué está triste?

为什么那样悲伤啊？
wèishéme nàyàng bēishāng a?

¡Sonría! ¡Animese!

笑一笑！
xiào yīxiào!

¿Está libre esta noche?

你今晚有空吗？
nǐ jīn wǎn yǒu kòng ma?

¿Puedo ofrecerle algo de beber?

我能请你喝一杯吗？
wǒ néng qǐng nǐ hè yībēi ma?

¿Querría bailar conmigo?

你想跳舞吗？
nǐ xiǎng tiàowǔ ma?

Vamos a ir al cine.

一起去看电影好吗？
yīqǐ qù kàn diànyǐng hǎo ma?

¿Puedo invitarle a ...?

我能请你…吗？
wǒ néng qǐng nǐ ... ma?

un restaurante

吃饭
chīfàn

el cine

看电影
kàn diànyǐng

el teatro

去剧院
qù jùyuàn

dar una vuelta

散步
sànbù

¿A qué hora?

几点？
jǐ diǎn?

esta noche

今天晚上
jīntiān wǎnshàng

a las seis

6 点
liù diǎn

a las siete

7 点
qī diǎn

a las ocho

8 点
bā diǎn

a las nueve

9 点
jiǔ diǎn

¿Le gusta este lugar?

你喜欢这里吗？
nǐ xǐhuān zhèlǐ ma?

¿Está aquí con alguien?

你和谁在这里吗？
nǐ hé shuí zài zhèlǐ ma?

Estoy con mi amigo /amiga/.

我和我的朋友。
wǒ hé wǒ de péngyǒu

Estoy con amigos.
我和我的朋友们。
wǒ hé wǒ de péngyǒumen

No, estoy solo /sola/.
不，就我自己。
bù, jiù wǒ zìjǐ

¿Tienes novio?
你有男朋友吗？
nǐ yǒu nán péngyǒu ma?

Tengo novio.
我有男朋友。
wǒ yǒu nán péngyǒu

¿Tienes novia?
你有女朋友吗？
nǐ yǒu nǚ péngyǒu ma?

Tengo novia.
我有女朋友。
wǒ yǒu nǚ péngyǒu

¿Te puedo volver a ver?
我能再见到你吗？
wǒ néng zàijiàn dào nǐ ma?

¿Te puedo llamar?
我能给你打电话吗？
wǒ néng gěi nǐ dǎ diànhuà ma?

Llámame.
给我打电话。
gěi wǒ dǎ diànhuà

¿Cuál es tu número?
你的电话号码是多少？
nǐ de diànhuà hàomǎ shì duōshǎo?

Te echo de menos.
我想你。
wǒ xiǎng nǐ

¡Qué nombre tan bonito!
你的名字真好听。
nǐ de míngzì zhēn hǎotīng

Te quiero.
我爱你。
wǒ ài nǐ

¿Te casarías conmigo?
你愿意嫁给我吗？
nǐ yuànyì jià gěi wǒ ma?

¡Está de broma!
您在开玩笑！
nín zài kāiwánxiào!

Sólo estoy bromeando.
我只是开玩笑。
wǒ zhǐ shì kāiwánxiào

¿En serio?
您是认真的？
nín shì rènzhēn de?

Lo digo en serio.
我认真的。
wǒ rènzhēn de

¿De verdad?
真的吗？
zhēn de ma?

¡Es increíble!
不可思议！
bùkěsīyì!

No le creo.
我不相信你。
wǒ bù xiāngxìn nǐ

No puedo.
我不能。
wǒ bùnéng

No lo sé.
我不知道。
wǒ bù zhīdào

No le entiendo.
我不明白你的意思。
wǒ bù míngbái nǐ de yìsi

Váyase, por favor.

请你走开。
qǐng nǐ zǒu kāi

¡Déjeme en paz!

别管我！
biéguǎn wǒ!

Es inaguantable.

我不能忍受他。
wǒ bùnéng rěnshòu tā

¡Es un asqueroso!

您真恶心！
nín zhēn ěxīn!

¡Llamaré a la policía!

我要叫警察了！
wǒ yào jiào jǐngchále!

Compartir impresiones. Emociones

Me gusta.
我喜欢它。
wǒ xǐhuān tā

Muy lindo.
很可爱。
hěn kě'ài

¡Es genial!
那太棒了！
nà tài bàngle!

No está mal.
这不错。
zhè bùcuò

No me gusta.
我不喜欢它。
wǒ bù xǐhuān tā

No está bien.
这不好。
zhè bù hǎo

Está mal.
这不好。
zhè bù hǎo

Está muy mal.
这非常不好。
zhè fēicháng bù hǎo

¡Qué asco!
这个很恶心。
zhège hěn ěxīn

Estoy feliz.
我很开心。
wǒ hěn kāixīn

Estoy contento /contenta/.
我很满意。
wǒ hěn mǎnyì

Estoy enamorado /enamorada/.
我恋爱了。
wǒ liàn'àile

Estoy tranquilo.
我很冷静。
wǒ hěn lěngjìng

Estoy aburrido.
我很无聊。
wǒ hěn wúliáo

Estoy cansado /cansada/.
我累了。
wǒ lèile

Estoy triste.
我很伤心。
wǒ hěn shāngxīn

Estoy asustado.
我很害怕。
wǒ hěn hàipà

Estoy enfadado /enfadada/.
我生气了。
wǒ shēngqìle

Estoy preocupado /preocupada/.
我很担心。
wǒ hěn dānxīn

Estoy nervioso /nerviosa/.
我很紧张。
wǒ hěn jǐnzhāng

Estoy celoso /celosa/.   **我很羡慕。**
                                          wǒ hěn xiànmù

Estoy sorprendido /sorprendida/.   **我很惊讶。**
                                          wǒ hěn jīngyà

Estoy perplejo /perpleja/.   **我很尴尬。**
                                          wǒ hěn gāngà

Problemas, Accidentes

Tengo un problema.	我有麻烦了。 wǒ yǒu máfanle
Tenemos un problema.	我们有麻烦了。 wǒmen yǒu máfanle
Estoy perdido /perdida/.	我迷路了。 wǒ mílùle
Perdi el último autobús (tren).	我错过了最后一班公交车（火车）。 wǒ cuòguòle zuìhòu yī bān gōngjiāo chē (huǒchē)
No me queda más dinero.	我没钱了。 wǒ méi qiánle

He perdido ...	我的…丢了。 wǒ de ... diūle
Me han robado ...	我的…被偷了。 wǒ de ... bèi tōule
mi pasaporte	护照 hùzhào
mi cartera	钱包 qiánbāo
mis papeles	文件 wénjiàn
mi billete	机票 jīpiào

mi dinero	钱 qián
mi bolso	包 bāo
mi cámara	照相机 zhàoxiàngjī
mi portátil	笔记本电脑 bǐjìběn diànnǎo
mi tableta	平板电脑 píngbǎn diànnǎo
mi teléfono	手机 shǒujī

¡Ayúdeme!	帮帮我！ bāng bāng wǒ!
¿Qué pasó?	发生什么事了？ fāshēng shénme shìle?

el incendio	火灾 huǒzāi
un tiroteo	枪击 qiāngjī
el asesinato	谋杀 móushā
una explosión	爆炸 bàozhà
una pelea	打架 dǎjià

¡Llame a la policía!	请叫警察！ qǐng jiào jǐngchá!
¡Más rápido, por favor!	请快点！ qǐng kuài diǎn!
Busco la comisaría.	我在找警察局。 wǒ zài zhǎo jǐngchá jú
Tengo que hacer una llamada.	我需要打个电话。 wǒ xūyào dǎ gè diànhuà
¿Puedo usar su teléfono?	我能用一下你的电话吗？ wǒ néng yòng yīxià nǐ de diànhuà ma?

Me han …	我被…了。 wǒ bèi … le
asaltado /asaltada/	抢劫 qiǎngjié
robado /robada/	偷 tōu
violada	强奸 qiángjiān
atacado /atacada/	袭击 xíjí

¿Se encuentra bien?	您没事吧？ nín méishì ba?
¿Ha visto quien a sido?	你有没有看到是谁？ nǐ yǒu méiyǒu kàn dào shì shuí?
¿Sería capaz de reconocer a la persona?	你能认出那个人吗？ nǐ néng rèn chū nàgè rén ma?
¿Está usted seguro?	你确定？ nǐ quèdìng?

Por favor, cálmese.	请冷静。 qǐng lěngjìng
¡Cálmese!	冷静！ lěngjìng!
¡No se preocupe!	不用担心！ búyòng dānxīn!
Todo irá bien.	一切都会好的。 yīqiè dūhuì hǎo de
Todo está bien.	一切正常。 yīqiè zhèngcháng

Venga aquí, por favor.

请到这里来。
qǐng dào zhèlǐ lái

Tengo unas preguntas para usted.

我有一些问题要问您。
wǒ yǒu yīxiē wèntí yào wèn nín

Espere un momento, por favor.

请等一下。
qǐng děng yīxià

¿Tiene un documento de identidad?

您有证件吗?
nín yǒu zhèngjiàn ma?

Gracias. Puede irse ahora.

谢谢。您可以走了。
xièxiè. nín kěyǐ zǒuliǎo

¡Manos detrás de la cabeza!

把手放在头上!
bǎshǒu fàng zài tóu shàng!

¡Está arrestado!

你被捕了!
nǐ bèi bǔle!

Problemas de salud

Ayudeme, por favor.	请帮帮我。 qǐng bāng bāng wǒ
No me encuentro bien.	我感觉不舒服。 wǒ gǎnjué bú shūfú
Mi marido no se encuentra bien.	我丈夫不舒服。 wǒ zhàngfū bú shūfú
Mi hijo …	我儿子… wǒ érzi …
Mi padre …	我爸爸… wǒ bàba …
Mi mujer no se encuentra bien.	我妻子不舒服。 wǒ qīzi bú shūfú
Mi hija …	我女儿… wǒ nǚ'ér …
Mi madre …	我妈妈… wǒ māmā …
Me duele …	我…痛。 wǒ … tòng
la cabeza	头 tóu
la garganta	嗓子 sǎngzi
el estómago	胃 wèi
un diente	牙 yá
Estoy mareado.	我头晕。 wǒ tóuyūn
Él tiene fiebre.	他发烧了。 tā fāshāole
Ella tiene fiebre.	她发烧了。 tā fāshāole
No puedo respirar.	我呼吸困难。 wǒ hūxī kùnnán
Me ahogo.	我快不能呼吸了。 wǒ kuài bùnéng hūxīle
Tengo asma.	我有哮喘。 wǒ yǒu xiāochuǎn
Tengo diabetes.	我有糖尿病。 wǒ yǒu tángniàobìng

No puedo dormir.	我失眠。 wǒ shīmián
intoxicación alimentaria	食物中毒。 shíwù zhòngdú

Me duele aquí.	这里疼。 zhèlǐ téng
¡Ayúdeme!	救命! jiùmìng!
¡Estoy aquí!	我在这儿! wǒ zài zhè'er!
¡Estamos aquí!	我们在这! wǒmen zài zhè!
¡Saquenme de aquí!	让我离开这里! ràng wǒ líkāi zhèlǐ!
Necesito un médico.	我需要医生。 wǒ xūyào yīshēng
No me puedo mover.	我动不了。 wǒ dòng bùliǎo
No puedo mover mis piernas.	我的腿动不了。 wǒ de tuǐ dòng bùliǎo

Tengo una herida.	我受伤了。 wǒ shòushāngle
¿Es grave?	很严重吗? hěn yánzhòng ma?
Mis documentos están en mi bolsillo.	我的文件在口袋里。 wǒ de wénjiàn zài kǒudài lǐ
¡Cálmese!	冷静! lěngjìng!
¿Puedo usar su teléfono?	我能用一下你的电话吗? wǒ néng yòng yīxià nǐ de diànhuà ma?

¡Llame a una ambulancia!	叫救护车! jiào jiùhù chē!
¡Es urgente!	很着急! hěn zhāojí!
¡Es una emergencia!	非常紧急! fēicháng jǐnjí!
¡Más rápido, por favor!	请快点! qǐng kuài diǎn!
¿Puede llamar a un médico, por favor?	请叫医生。 qǐng jiào yīshēng
¿Dónde está el hospital?	医院在哪里? yīyuàn zài nǎlǐ?

¿Cómo se siente?	您感觉怎么样? nín gǎnjué zěnme yàng?
¿Se encuentra bien?	您没事吧? nín hái hǎo ba?
¿Qué pasó?	发生什么事了? fāshēng shénme shìle?

Me encuentro mejor.

我好多了。
wǒ hǎoduōle

Está bien.

没事。
méishì

Todo está bien.

已经好了。
yǐjīng hǎole

En la farmacia

la farmacia	药店 yàodiàn
la farmacia 24 horas	24四小时药店 èrshí sì xiǎoshí yàodiàn
¿Dónde está la farmacia más cercana?	最近的药店在哪里？ zuìjìn di yàodiàn zài nǎlǐ?
¿Está abierta ahora?	现在营业吗？ xiànzài yíngyè ma?
¿A qué hora abre?	几点开门？ jǐ diǎn kāimén?
¿A qué hora cierra?	几点关门？ jǐ diǎn guānmén?
¿Está lejos?	那里远吗？ nàlǐ yuǎn ma?
¿Puedo llegar a pie?	我能走路去那里吗？ wǒ néng zǒulù qù nàlǐ ma?
¿Puede mostrarme en el mapa?	能在地图上指出来吗？ néng zài dìtú shàng zhǐchū lái ma?
Por favor, deme algo para ...	请给我治…的药。 qǐng gěi wǒ zhì … di yào
un dolor de cabeza	头疼 tóuténg
la tos	咳嗽 késòu
el resfriado	感冒 gǎnmào
la gripe	流感 liúgǎn
la fiebre	发烧 fāshāo
un dolor de estomago	胃疼 wèi téng
nauseas	恶心 èxīn
la diarrea	腹泻 fùxiè
el estreñimiento	便秘 biànmì

un dolor de espalda	背痛 bèi tòng
un dolor de pecho	胸痛 xiōngtòng
el flato	岔气 chàqì
un dolor abdominal	腹痛 fùtòng

la píldora	药片，药丸 yàopiàn, yàowán
la crema	软膏，霜 ruǎngāo, shuāng
el jarabe	糖浆 tángjiāng
el spray	喷雾 pēnwù
las gotas	滴液 dī yè

Tiene que ir al hospital.	你需要去医院。 nǐ xūyào qù yīyuàn
el seguro de salud	医疗保险 yīliáo bǎoxiǎn
la receta	处方 chǔfāng
el repelente de insectos	驱虫剂 qū chóng jì
la curita	创可贴 chuàngkětiē

Lo más imprescindible

Perdone, ...	请问，… qǐngwèn, ...
Hola.	你好。 ｜ 你们好。 nǐ hǎo ｜ nǐmen hǎo
Gracias.	谢谢。 xièxiè

Sí.	是的。 shì de
No.	不 bù
No lo sé.	我不知道。 wǒ bù zhīdào
¿Dónde? ｜ ¿A dónde? ｜ ¿Cuándo?	哪里? ｜ 到哪里? ｜ 什么时候? nǎlǐ? ｜ dào nǎlǐ? ｜ shénme shíhòu?

Necesito ...	我需要… wǒ xūyào ...
Quiero ...	我想要… wǒ xiǎng yào ...
¿Tiene ...?	您有…吗? nín yǒu ... ma?
¿Hay ... por aquí?	这里有…吗? zhè li yǒu ... ma?
¿Puedo ...?	我可以…吗? wǒ kěyǐ ... ma?
..., por favor? (petición educada)	请 qǐng

Busco ...	我在找… wǒ zài zhǎo ...
el servicio	休息室 xiūxí shì
un cajero automático	银行取款机 yínháng qǔkuǎn jī
una farmacia	药店 yàodiàn
el hospital	医院 yīyuàn

la comisaría	警察局 jǐngchá jú
el metro	地铁 dìtiě

un taxi	出租车 chūzū chē
la estación de tren	火车站 huǒchē zhàn

Me llamo ...	我叫··· wǒ jiào ...
¿Cómo se llama?	您叫什么名字? nín jiào shénme míngzì?
¿Puede ayudarme, por favor?	请帮助我。 qǐng bāngzhù wǒ
Tengo un problema.	我有麻烦了。 wǒ yǒu máfanle
Me encuentro mal.	我感觉不舒服。 wǒ gǎnjué bú shūfú
¡Llame a una ambulancia!	叫救护车! jiào jiùhù chē!
¿Puedo llamar, por favor?	我可以打个电话吗? wǒ kěyǐ dǎ gè diànhuà ma?

Lo siento.	对不起。 duìbùqǐ
De nada.	不客气。 bù kèqì

Yo	我 wǒ
tú	你 nǐ
él	他 tā
ella	她 tā
ellos	他们 tāmen
ellas	她们 tāmen
nosotros /nosotras/	我们 wǒmen
ustedes, vosotros	你们 nǐmen
usted	您 nín

ENTRADA	入口 rùkǒu
SALIDA	出口 chūkǒu
FUERA DE SERVICIO	故障 gùzhàng
CERRADO	关门 guānmén

ABIERTO

开门
kāimén

PARA SEÑORAS

女士专用
nǚshì zhuānyòng

PARA CABALLEROS

男士专用
nánshì zhuānyòng

T&P BOOKS

MINI DICCIONARIO

Esta sección contiene 250
palabras útiles necesarias
para la comunicación diaria.
Encontrará ahí los nombres
de los meses y de los días
de la semana.
El diccionario también
contiene temas relevantes
tales como colores, medidas,
familia, y más

T&P Books Publishing

CONTENIDO
DEL DICCIONARIO

T&P Books Publishing

tiempo (m)	时间	shí jiān
hora (f)	小时	xiǎo shí
media hora (f)	半小时	bàn xiǎo shí
minuto (m)	分钟	fēn zhōng
segundo (m)	秒	miǎo
hoy (adv)	今天	jīn tiān
mañana (adv)	明天	míng tiān
ayer (adv)	昨天	zuó tiān
lunes (m)	星期一	xīng qī yī
martes (m)	星期二	xīng qī èr
miércoles (m)	星期三	xīng qī sān
jueves (m)	星期四	xīng qī sì
viernes (m)	星期五	xīng qī wǔ
sábado (m)	星期六	xīng qī liù
domingo (m)	星期天	xīng qī tiān
día (m)	白天	bái tiān
día (m) de trabajo	工作日	gōng zuò rì
día (m) de fiesta	节日	jié rì
fin (m) de semana	周末	zhōu mò
semana (f)	星期	xīng qī
semana (f) pasada	上星期	shàng xīng qī
semana (f) que viene	次周	cì zhōu
por la mañana	在上午	zài shàng wǔ
por la tarde	在下午	zài xià wǔ
por la noche	在晚上	zài wǎn shang
esta noche	今晚	jīn wǎn
(p.ej. 8:00 p.m.)		
por la noche	夜间	yè jiān
medianoche (f)	午夜	wǔ yè
enero (m)	一月	yī yuè
febrero (m)	二月	èr yuè
marzo (m)	三月	sān yuè
abril (m)	四月	sì yuè
mayo (m)	五月	wǔ yuè
junio (m)	六月	liù yuè
julio (m)	七月	qī yuè
agosto (m)	八月	bā yuè

septiembre (m)	九月	jiǔ yuè
octubre (m)	十月	shí yuè
noviembre (m)	十一月	shí yī yuè
diciembre (m)	十二月	shí èr yuè

en primavera	在春季	zài chūn jì
en verano	在夏天	zài xià tiān
en otoño	在秋季	zài qiū jì
en invierno	在冬季	zài dōng jì

mes (m)	月，月份	yuè, yuèfèn
estación (f)	季节	jì jié
año (m)	年	nián

2. Números. Los numerales

cero	零	líng
uno	一	yī
dos	二	èr
tres	三	sān
cuatro	四	sì

cinco	五	wǔ
seis	六	liù
siete	七	qī
ocho	八	bā
nueve	九	jiǔ
diez	十	shí

once	十一	shí yī
doce	十二	shí èr
trece	十三	shí sān
catorce	十四	shí sì
quince	十五	shí wǔ

dieciséis	十六	shí liù
diecisiete	十七	shí qī
dieciocho	十八	shí bā
diecinueve	十九	shí jiǔ

veinte	二十	èrshí
treinta	三十	sānshí
cuarenta	四十	sìshí
cincuenta	五十	wǔshí

sesenta	六十	liùshí
setenta	七十	qīshí
ochenta	八十	bāshí
noventa	九十	jiǔshí
cien	一百	yī bǎi

doscientos	两百	liǎng bǎi
trescientos	三百	sān bǎi
cuatrocientos	四百	sì bǎi
quinientos	五百	wǔ bǎi
seiscientos	六百	liù bǎi
setecientos	七百	qī bǎi
ochocientos	八百	bā bǎi
novecientos	九百	jiǔ bǎi
mil	一千	yī qiān
diez mil	一万	yī wàn
cien mil	十万	shí wàn
millón (m)	百万	bǎi wàn
mil millones	十亿	shíyì

3. El ser humano. Los familiares

hombre (m) (varón)	男人	nán rén
joven (m)	年轻男士	nián qīng nán shì
mujer (f)	女人	nǚ rén
muchacha (f)	姑娘	gū niang
anciano (m)	老先生	lǎo xiān sheng
anciana (f)	老妇人	lǎo fù rén
madre (f)	母亲	mǔ qīn
padre (m)	父亲	fù qīn
hijo (m)	儿子	ér zi
hija (f)	女儿	nǚ ér
padres (pl)	父母	fù mǔ
niño -a (m, f)	孩子	hái zi
niños (pl)	孩子们	hái zi men
madrastra (f)	继母	jì mǔ
padrastro (m)	继父	jì fù
abuela (f)	姥姥	lǎo lao
abuelo (m)	爷爷	yé ye
nieto (m)	孙子	sūn zi
nieta (f)	孙女	sūn nǚ
nietos (pl)	孙子们	sūn zi men
tío (m)	姑爹	gū diē
tía (f)	姑妈	gū ma
sobrino (m)	侄子	zhí zi
sobrina (f)	侄女	zhí nǚ
mujer (f)	妻子	qī zi
marido (m)	老公	lǎo gōng

casado (adj)	结婚的	jié hūn de
casada (adj)	结婚的	jié hūn de
viuda (f)	寡妇	guǎ fu
viudo (m)	鳏夫	guān fū
nombre (m)	名字	míng zi
apellido (m)	姓	xìng
pariente (m)	亲戚	qīn qi
amigo (m)	朋友	péngyou
amistad (f)	友谊	yǒu yì
compañero (m)	搭档	dā dàng
colega (m, f)	同事	tóng shì
vecinos (pl)	邻居们	lín jū men

4. El cuerpo. La anatomía humana

cuerpo (m)	身体	shēntǐ
corazón (m)	心, 心脏	xīn, xīn zàng
sangre (f)	血	xuè
cerebro (m)	脑	nǎo
hueso (m)	骨头	gǔtou
columna (f) vertebral	脊柱	jǐ zhù
costilla (f)	肋骨	lèi gǔ
pulmones (m pl)	肺	fèi
piel (f)	皮肤	pí fū
cabeza (f)	头	tóu
cara (f)	脸, 面孔	liǎn, miàn kǒng
nariz (f)	鼻子	bí zi
frente (f)	前额	qián é
mejilla (f)	脸颊	liǎn jiá
boca (f)	口, 嘴	kǒu, zuǐ
lengua (f)	舌, 舌头	shé, shé tou
diente (m)	牙, 牙齿	yá, yá chǐ
labios (m pl)	唇	chún
mentón (m)	颏	kē
oreja (f)	耳朵	ěr duo
cuello (m)	颈	jīng
ojo (m)	眼	yǎn
pupila (f)	瞳孔	tóng kǒng
ceja (f)	眉毛	méi mao
pestaña (f)	睫毛	jié máo
pelo, cabello (m)	头发	tóu fa
peinado (m)	发型	fà xíng

bigote (m)	胡子	hú zi
barba (f)	胡须	hú xū
tener (~ la barba)	蓄着	xù zhuó
calvo (adj)	秃头的	tū tóu de

mano (f)	手	shǒu
brazo (m)	胳膊	gēbo
dedo (m)	手指	shǒu zhǐ
uña (f)	指甲	zhǐ jia
palma (f)	手掌	shǒu zhǎng

hombro (m)	肩膀	jiān bǎng
pierna (f)	腿	tuǐ
rodilla (f)	膝，膝盖	xī, xī gài
talón (m)	后跟	hòu gēn
espalda (f)	背	bèi

5. La ropa. Accesorios personales

ropa (f)	服装	fú zhuāng
abrigo (m)	大衣	dà yī
abrigo (m) de piel	皮大衣	pí dà yī
cazadora (f)	茄克衫	jiā kè shān
impermeable (m)	雨衣	yǔ yī

camisa (f)	衬衫	chèn shān
pantalones (m pl)	裤子	kù zi
chaqueta (f), saco (m)	西服上衣	xī fú shàng yī
traje (m)	套装	tào zhuāng

vestido (m)	连衣裙	lián yī qún
falda (f)	裙子	qún zi
camiseta (f) (T-shirt)	T袖	T xù
bata (f) de baño	浴衣	yù yī
pijama (m)	睡衣	shuì yī
ropa (f) de trabajo	工作服	gōng zuò fú

ropa (f) interior	内衣	nèi yī
calcetines (m pl)	短袜	duǎn wà
sostén (m)	乳罩	rǔ zhào
pantimedias (f pl)	连裤袜	lián kù wà
medias (f pl)	长筒袜	cháng tǒng wà
traje (m) de baño	游泳衣	yóu yǒng yī

gorro (m)	帽子	mào zi
calzado (m)	鞋类	xié lèi
botas (f pl) altas	靴子	xuē zi
tacón (m)	鞋后跟	xié hòu gēn
cordón (m)	鞋带	xié dài
betún (m)	鞋油	xié yóu

guantes (m pl)	手套	shǒu tào
manoplas (f pl)	连指手套	lián zhǐ shǒu tào
bufanda (f)	围巾	wéi jīn
gafas (f pl)	眼镜	yǎn jìng
paraguas (m)	雨伞	yǔ sǎn

corbata (f)	领带	lǐng dài
moquero (m)	手帕	shǒu pà
peine (m)	梳子	shū zi
cepillo (m) de pelo	梳子	shū zi

hebilla (f)	皮带扣	pí dài kòu
cinturón (m)	腰带	yāo dài
bolso (m)	女手提包	nǚ shǒutí bāo

6. La casa. El apartamento

apartamento (m)	公寓	gōng yù
habitación (f)	房间	fáng jiān
dormitorio (m)	卧室	wòshì
comedor (m)	餐厅	cān tīng

salón (m)	客厅	kè tīng
despacho (m)	书房	shū fáng
antecámara (f)	入口空间	rù kǒu kōng jiān
cuarto (m) de baño	浴室	yù shì
servicio (m)	卫生间	wèi shēng jiān

aspirador (m), aspiradora (f)	吸尘器	xī chén qì
fregona (f)	拖把	tuō bǎ
trapo (m)	拭尘布	shì chén bù
escoba (f)	扫帚	sào zhǒu
cogedor (m)	簸箕	bò ji

muebles (m pl)	家具	jiā jù
mesa (f)	桌子	zhuō zi
silla (f)	椅子	yǐ zi
sillón (m)	扶手椅	fú shǒu yǐ

espejo (m)	镜子	jìng zi
tapiz (m)	地毯	dìtǎn
chimenea (f)	壁炉	bì lú
cortinas (f pl)	窗帘	chuāng lián
lámpara (f) de mesa	台灯	tái dēng
lámpara (f) de araña	枝形吊灯	zhī xíng diào dēng

cocina (f)	厨房	chú fáng
cocina (f) de gas	煤气炉	méi qì lú
cocina (f) eléctrica	电炉	diàn lú
horno (m) microondas	微波炉	wēi bō lú

frigorífico (m)	冰箱	bīng xiāng
congelador (m)	冷冻室	lěng dòng shì
lavavajillas (m)	洗碗机	xǐ wǎn jī
grifo (m)	水龙头	shuǐ lóng tóu
picadora (f) de carne	绞肉机	jiǎo ròu jī
exprimidor (m)	榨汁机	zhà zhī jī
tostador (m)	烤面包机	kǎo miàn bāo jī
batidora (f)	搅拌机	jiǎo bàn jī
cafetera (f) (aparato de cocina)	咖啡机	kāfēi jī
hervidor (m) de agua	开水壶	kāi shuǐ hú
tetera (f)	茶壶	chá hú
televisor (m)	电视机	diàn shì jī
vídeo (m)	录像机	lù xiàng jī
plancha (f)	熨斗	yùn dǒu
teléfono (m)	电话	diàn huà

www.ingramcontent.com/pod-product-compliance
Lightning Source LLC
Chambersburg PA
CBHW070840050426
42452CB00011B/2358